O ENCONTRO DOS PÁSSAROS

Vida
Editora Vida
Rua Conde de Sarzedas, 246 — Liberdade
CEP 01512-070 — São Paulo, SP
Tel.: 11 2618 7000
atendimento@editoravida.com.br
www.editoravida.com.br
@editora_vida /editoravida

O ENCONTRO DOS PÁSSAROS

■

Todas as citações bíblicas desta obra foram extraídas da versão *Nova Tradução na Linguagem de Hoje* (NTLH), salvo indicação contrária.

Todas as citações bíblicas e de terceiros foram adaptadas segundo o Acordo Ortográfico da Língua Portuguesa, assinado em 1990, em vigor desde janeiro de 2009.

■

As opiniões expressas nesta obra refletem o ponto de vista de seus autores e não são necessariamente equivalentes às da Editora Vida ou de sua equipe editorial.

Todos os grifos são do autor, exceto os indicados.

Editora-chefe: Sarah Lucchini
Coordenadora de projetos Vida Kids: Vitoria Reis
Revisão: Gabriella Cordeiro de Moraes
Diagramação: Claudia Fatel Lino
Ilustrações: Artur Rocha
Projeto gráfico e capa: Lira Lira

1. edição: out. 2024

Dados Internacionais de Catalogação na Publicação (CIP)
(Câmara Brasileira do Livro, SP, Brasil)

Joslin, Tatiane
O encontro dos pássaros / Tatiane Joslin ; [ilustração Artur Rocha]. -- 1. ed. -- São Paulo : Editora Vida, 2024.

ISBN 978-65-5584-587-7

1. Bíblia - Literatura infantojuvenil 2. Cristianismo - Literatura infantojuvenil 3. Educação cristã de crianças 4. Histórias bíblicas - Literatura infantojuvenil I. Rocha, Artur. II. Título.

24-225439 CDD-028.5

Índice para catálogo sistemático:

1. Literatura infantil 028.5
2. Literatura infantojuvenil 028.5

Aline Graziele Benitez - Bibliotecária - CRB-1/3129

TATIANE JOSLIN

O ENCONTRO DOS PÁSSAROS

Vida KIDS

Giovana, Noah e Lisa,

Vocês vieram para me ensinar a
confiar no cuidado e na provisão de Deus.
Que vocês sempre creiam que são amados e guardados!

Amo muito vocês!

Com carinho,
Mamãe.

"Ele te cobrirá com as suas penas,
e debaixo das suas asas estarás seguro"
(Salmos 91.4a, ARC).

Este foi o barulho que agitou os pássaros naquela manhã.

— Ai, ai!! O que foi isso? — perguntou o Pardal Lorival.

A Andorinha Aninha, que tinha acabado de pousar ao seu lado, respondeu:

— Calma, Pardal Lorival. Foi apenas uma folha que, com o peso da água da chuva, caiu em cheio na sua cabeça.

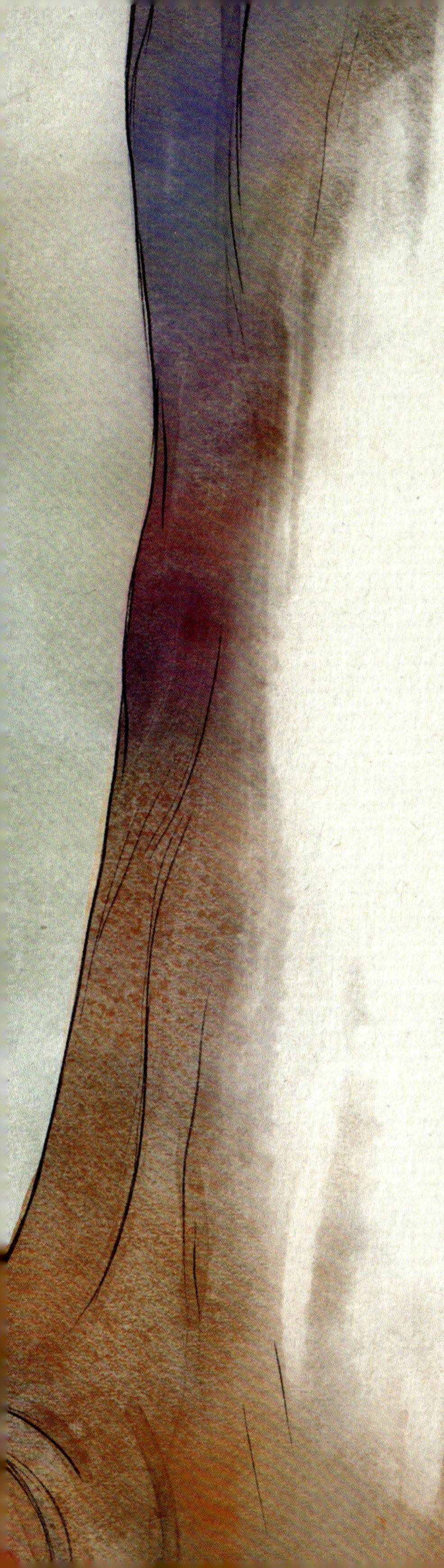

O Pardal Lorival, aliviado, respondeu:

— Ufa! Achei que fosse mais um dilúvio!

Andorinha Aninha nunca tinha ouvido falar sobre isso.

— Dilúvio? — perguntou Aninha. — O que é um dilúvio?

— Foi uma grande chuva que cobriu toda a Terra com água — explicou seu amigo.

Andorinha Aninha se surpreendeu com a novidade e disse:

— A Terra inteira cheia de água? Agora quem está assustada sou eu! Se isso acontecer de novo, onde é que vou encontrar galhos sequinhos para preparar o meu ninho?

O Pardal Lorival a acalmou dizendo:

— Eu não sei, Aninha, só sei que nós, pardais, por mais simples que sejamos, nunca somos esquecidos pelo Criador. Ele cuida de cada uma das Suas criaturas, sabe até quantas penas temos.

— Sabe mesmo? — questionou Aninha.

Pardal Lorival chegou mais perto da amiga e a consolou. Abraçando-a com sua pequena asa, ele disse:

— Com certeza, não só a conhece como também cuida de você. Sempre haverá um ninho para que possa acolher os seus filhotes.

De repente, Andorinha Aninha enxergou alguém importante:

— Olha só quem está voando ali, é a dona Pomba Juliete!

O Pardal Lorival logo acenou para a amiga e disse:

— Oi, dona Juliete!

A Pomba Juliete pousou entre eles e os cumprimentou.

— Olá, pessoal! Como vocês estão?

A Andorinha Aninha respondeu:

— Eu estava um pouco preocupada, porque tem chovido muito nos últimos dias e agora o Pardal Lorival me falou sobre um tal dilúvio. A senhora já ouviu falar disso?

Dona Pomba Juliete surpreendeu a todos com sua resposta:

— Sobre o dilúvio? Claro, ora bolas... Eu estava lá!

Os dois perguntaram juntos:

— A senhora estava lá?

A dona Pomba respondeu orgulhosa:

— Sim, eu mesma, em carne, osso e plumas!

O Pardal Lorival, pensativo, ajeitou as patinhas no galho e perguntou:

— Mas espere… a senhora conseguiu voar durante o dilúvio? Ou aprendeu a nadar?

Ao ouvir isso, Andorinha Aninha começou a ficar confusa:

— Ah! Espere um pouquinho... não estou entendendo nada! Quando aconteceu esse tal dilúvio?

A dona Pomba Juliete se prontificou a explicar:

— Calma, eu vou contar tudinho. Aconteceu há muito tempo, quando eu ainda era jovem.

Primeiro virou para o Pardal Lorival e disse tranquilamente:

— Não! Eu não fiquei nadando nem voando...

Depois, virou para a Andorinha Aninha, segurou o rostinho dela com as suas asas e disse:

— Aninha, existia um homem chamado Noé; ele era justo e sempre obedecia a Deus. Mas, em sua época, as pessoas eram muito más e faziam coisas terríveis. Foi por isso que o Criador decidiu renovar toda a Terra. Então enviou aquela chuvarada que o Pardal Lorival mencionou.

Dona pomba Juliete buscava na memória lembrar-se de como tudo aconteceu, e contou o seguinte:

— O Criador deu instruções detalhadas a Noé, ensinando-o a construir uma arca, isto é, um barco bem grande.

Andorinha Aninha perguntou cheia de curiosidade:

— Um barco bem grande da altura de uma girafa?

A dona Pomba Juliete gesticulou com a cabeça, ao mesmo tempo em que abriu as asas acima do corpo:

— Não, era ainda maior! — respondeu.

O Pardal Lorival também ficou curioso sobre o tamanho da arca, e perguntou:

— Era larga como um elefante?

A dona Pomba Juliete continuou:

— Não, não, era ainda mais larga! Dentro da arca cabia uma família inteira de elefantes, toda a família de Noé e mais muitos outros bichos. Com Noé, entrou na arca pelo menos um casal de cada espécie de animal.

A história era emocionante e fazia com que Aninha ficasse cada vez mais intrigada. Ela então quis saber:

— Mas a senhora ficou perto da serpente? E ela não tentou abocanhá-la?

A dona Pomba Juliete esclareceu que o Criador cuidou para que as coisas dentro da arca se mantivessem sob controle.

— Tudo correu bem, é claro. Senão, eu não estaria aqui para contar a história — concluiu.

Nem deu tempo de dona Pomba Juliete descansar da contação e o Pardal Lorival a encheu de novas perguntas:

— E demorou muito para acabar essa chuvarada? Quando eles saíram da arca? Quero saber como tudo acabou!

A Pomba Juliete já estava cansada, mas há muito tempo não falava sobre aquele acontecimento, então continuou contando tudo com alegria.

— Quando a chuva acabou, a arca ficou flutuando em cima das águas que cobriam toda a Terra. Noé teve a brilhante ideia de soltar o Corvo Cadu para ver se ele traria algum sinal de terra seca, mas ele não encontrou onde pousar e voltou para a arca.

Então dona Juliete olhou bem para os passarinhos, com os olhos brilhando, e disse:

— Em seguida, aconteceu a coisa mais incrível de todas!

Andorinha Aninha voou para bem pertinho de dona Juliete e já queria saber todos os detalhes dessa aventura. Ela perguntou:

— O que aconteceu, dona Juliete?

A pomba tomou um grande fôlego e disse:

— Noé me escolheu! Podem acreditar?
Fui responsável por encontrar esperança para todas as espécies. Imaginem essa cena... respirei fundo, olhei para o mar sem fim e levantei voo, partindo para minha missão.

O pardal Lorival ficou tão impressionado que abriu seu biquinho totalmente. Ele disse:

— A senhora foi muito corajosa!

Dona Juliete abriu um sorriso e continuou:

— Muito obrigada, Pardal Lorival! Mas devo dizer que não foi em minha primeira busca que encontrei terra seca. Voei por milhas e milhas até ficar exausta... e achei melhor voltar. Noé estendeu a mão para fora da arca e entrei em segurança.

Os dois estavam tão curiosos para ouvir o final da história que se agitaram e quase caíram do galho. Dona Juliete continuou:

— Sete dias depois, Noé confiou novamente em mim, e mais uma vez parti em missão. Sentia que o Criador estava comigo!

Porém não foi fácil, passei toda a manhã e tarde voando até que, lá no final do dia, o Criador me mostrou uma montanha que já estava sequinha e muito cheirosa. Ali florescia um lindo pé de oliveira. Eu colhi uma de suas folhas assim — mostrou dona Juliete, pegando um pequeno ramo — e a levei, voando o mais rápido possível, para Noé.

O pardal se impressionou mais uma vez e disse:

— Uau, a senhora foi corajosa duas vezes! Foi quem ajudou Noé a descobrir que as águas estavam abaixando.

Dona pomba Juliete concordou alegremente com o Pardal Lorival, lembrando-se de como ela e o Corvo Cadu puderam servir ao Criador ajudando Noé. De repente, ela olhou para o alto e disse:

— Vejam só! É o nosso amigo corvo, seu José!

Andorinha Aninha estava imaginando toda a história, mas voltou à realidade para cumprimentá-lo:

— Oi, seu José. Tudo bem? — disse em tom receptivo.

O Pardal Lorival, animadíssimo,
já contou a novidade:

— Estávamos ouvindo dona Juliete nos
falar sobre o dilúvio, você conhece essa história?

Seu José deu um sorriso e disse:

— Sim, eu e dona Juliete gostamos de conversar
sobre como o Criador cuida de todos nós.

Aninha os interrompeu dizendo:

— Sim, Ele cuida mesmo! Nós não plantamos, não colhemos, nem temos comida guardada, mas Ele sempre nos dá a comida prontinha.

O senhor Pardal confirmou:

— É verdade!

Dona Pomba Juliete percebeu que aquele seria um bom dia para histórias. Os passarinhos estavam empolgados, e ela também amava contar e ouvir bons causos.

— Seu José, acho que você poderia contar a história do dia que recebeu uma ordem do Criador. Que tal? — incentivou.

Aninha perguntou:

— Ordem do Criador?

Seu José balançou a cabeça e juntou as pontas das asas, grudando uma na outra:

— Sim! Realmente, não é apenas dos passarinhos que o Criador cuida — ele disse, começando a contar sua história.

— Um dia, Ele me mandou levar pão e carne a um homem chamado Elias. Era um tempo de muita seca, e por isso não havia comida, mas tão grande era o cuidado do Criador por Elias, que ordenou a mim e a outros corvos que levássemos comida para ele...

Com sua asa, seu José pegou uma folha como quem pega uma bandeja e disse:

— Todos os dias levávamos pão e carne a ele, pela manhã e à noite.

O Pardal Lorival espontaneamente disse:

— Então o senhor é um corvo garçom, seu José? Eu não sabia!

Todos os passarinhos ficaram admirados.

O corvo seu José,
continuou:

— Na verdade não,
mas naqueles dias eu servi
como um garçom e foi
muito especial. O Criador
ama muito Elias e me deu
a função de servi-lo!

Dona Juliete ficou meditando
sobre o cuidado do Criador com Elias.
Foi quando decidiu fazer uma surpresa
para seus amigos e, empolgada,
deu um pequeno pulo dizendo:

— Eu quero mostrar algo especial para
vocês. Querem ver? Venham comigo!

Todas as aves se uniram e voaram
acima da árvore mais alta da floresta.
Quando chegaram lá, viram diversas
cores cobrindo o Céu.

— Uaaaaau! — as aves disseram, todas juntas.

Sem tirar os olhos do céu, a dona Pomba Juliete explicou:

— Isso se chama arco-íris. Quando eu estava com Noé, vi o primeiro arco-íris desenhado pelo Criador. Naquele dia, Ele disse que se tratava de um sinal da Sua aliança com o homem e com todos os seres vivos, indicava que não haveria mais dilúvio.

Os passarinhos ficaram encantados com a beleza do que viram, e dona Juliete continuou:

— O Criador disse que, todas as vezes que olhássemos para o arco-íris, deveríamos nos lembrar da aliança que Ele fez conosco.

As aves ficaram um tempão admirando o Céu, foi um momento precioso. O silêncio foi interrompido pela fala doce de Aninha:

— Agora eu entendi! Sei que estou protegida e me sinto amada pelo Criador! Ele realmente nos ama muito!

O Pardal Lorival concordou:

— O amor do Criador aparece em cada detalhe, não é? Ele nunca se esquecerá de nenhum passarinho.

A Pomba Juliete completou:

— Nunca esquecerá de nenhum passarinho e de ninguém!

PORTANTO, NÃO TENHAM
MEDO, POIS VOCÊS VALEM
MAIS DO QUE MUITOS
PASSARINHOS.

Mateus 10.31

TATIANE JOSLIN

é pastora de crianças, mãe de três, mentora de mães do projeto Maternidade com Graça, autora do livro *Criação Bíbliacompatível* e coautora do projeto *Minha gestação*. Pós-graduada em Neurociência, Educação e Desenvolvimento Infantil, já ensinou mais de cem mil mães por meio de cursos e mentorias. Cria conteúdos para edificar mamães e equipá-las na incrível tarefa de educar filhos com a graça de Deus!

Esta obra foi composta em *Humanst521 BT*
e impressa por Gráfica Coan sobre papel
Couche Fosco 170 g/m² para a Editora Vida.